¿Qué está despierto?

La lechuza

Patricia Whitehouse

Traducción de P

Heinemann Library
Chicago, Illinois

Customer Service 888-454-2279
Visit our website at www.heinemannlibrary.com

Designed by Sue Emerson, Heinemann Library
Printed and bound in the United States by Lake Book Manufacturing, Inc.

07 06 05 04 03
10 9 8 7 6 5 4 3 2 1

Library of Congress Cataloging-in-Publication Data
Whitehouse, Patricia, 1958-
  [Barn Owls. Spanish]
  La lechuza / Patricia Whitehouse.
    p. cm. — (¿Qué está despierto?)
Summary: Describes the physical characteristics, behavior, and habitat of barn owls.
  ISBN 1-40340-392-9 (HC), 1-40340-633-2 (Pbk)
  1. Barn owls—Juvenile literature. [1. Barn owls. 2. Owls 3. Spanish language materials] I. Title.
  QL696.S85 W5518 2002
  598.9'7—dc21

                          2001059387

Acknowledgments
The author and publishers are grateful to the following for permission to reproduce copyright material:
p. 4 Steve Strickland/Visuals Unlimited; p. 5 Stephen J. Krasemann/Photo Researchers, Inc.; p. 6 Tim Davis/Photo Researchers, Inc.; p. 7 Joe McDonald/Visuals Unlimited; p. 8 W. Banaszewski/Visuals Unlimited; p. 9 Rick & Nora Bowers/ Visuals Unlimited; pp. 10, 13, 14, 22 Stephen Dalton/Photo Researchers, Inc.; p. 11 Andy Rouse/DRK Photo; p. 12 J & B Photographers/Animals Animals; pp. 15, 23 Roger Tidman/Corbis; p. 16 Roger Rageot-David Liebman; p. 17 Michael Newman/PhotoEdit, Inc.; p. 18 Robert Barber/Visuals Unlimited; p. 19 A. Shay/Animals Animals; p. 20 S. Maslowski/ Visuals Unlimited; p. 21 Jeff Lepore/Photo Researchers, Inc.

Cover photograph by J & B Photographers/Animals Animals

Every effort has been made to contact copyright holders of any material reproduced in this book.
Any omissions will be rectified in subsequent printings if notice is given to the publisher.

Special thanks to our bilingual advisory panel for their help in the preparation of this book:
Aurora García
Literacy Specialist
Northside Independent School District
San Antonio, TX

Argentina Palacios
Docent
Bronx Zoo
New York, NY

Leah Radinsky
Bilingual Teacher
Interamerican School
Chicago, IL

Ursula Sexton
Researcher, WestEd
San Ramon, CA

The publisher would also like to thank Dr. Dennis Radabaugh, Professor of Zoology at Ohio Wesleyan University in Delaware, Ohio, for his help in reviewing the contents of this book.

Unas palabras están en negrita, **así.**
Las encontrarás en el glosario en fotos de la página 23.

Contenido

¿Qué está despierto?

Mientras tú duermes, hay unos animales despiertos.

Los animales que están despiertos de noche son animales **nocturnos**.

La lechuza está despierta de noche.

¿Qué es la lechuza?

plumas ala

La lechuza es un ave.

Las aves tienen **plumas** y alas.

huevo

Las aves ponen huevos.

De los huevos salen las crías.

¿Cómo es la lechuza?

La lechuza tiene **plumas** blancas en la cara.

Las demás plumas son grises o de color canela.

pico

garras

La lechuza tiene un **pico** corto
y puntiagudo.

Tiene **garras** afiladas.

¿Dónde vive la lechuza?

La lechuza vive en lugares oscuros.

Hace su **nido** en una cueva o en el hueco de un árbol.

Hace su nido en graneros.

También hace su nido en pilas de heno.

¿Qué hace la lechuza de noche?

La lechuza busca alimento de noche.

Vuela sobre los campos.

Cuando ve algo para comer,
lo levanta con las **garras**.

¿Qué come la lechuza?

La lechuza come animalitos **nocturnos**.

Come ratones.

La lechuza también come
campañoles, o ratones campestres.

El campañol parece un ratón
con la cola corta.

¿Qué sonido hace la lechuza?

La lechuza hace un silbido fuerte.

No ulula como los búhos.

El sonido de la lechuza nos puede
despertar de noche.

¿Qué tiene de especial la lechuza?

La lechuza puede mirar hacia atrás.

También tiene muy buen oído.

El oído de la lechuza es mejor
que su vista.

El oído le sirve para buscar alimento.

¿Dónde pasa el día la lechuza?

Por la mañana, la lechuza regresa a su **nido**.

Duerme hasta que oscurece
de nuevo.

Mapa de la lechuza

alas

plumas

garras

Glosario en fotos

pico
página 9

nocturno
páginas 4, 14

plumas
páginas 6, 8

garras
páginas 9, 13

nido
páginas 10–11, 20

campañol
página 15

Nota a padres y maestros

Leer para buscar información es un aspecto importante del desarrollo de la lectoescritura. El aprendizaje empieza con una pregunta. Si usted alienta a los niños a hacerse preguntas sobre el mundo que los rodea, los ayudará a verse como investigadores. Cada capítulo de este libro empieza con una pregunta. Lean la pregunta juntos, miren las fotos y traten de contestar la pregunta. Después, lean y comprueben si sus predicciones son correctas. Piensen en otras preguntas sobre el tema y comenten dónde pueden buscar la respuesta. Ayude a los niños a usar el glosario en fotos y el índice para practicar nuevas destrezas de vocabulario y de investigación.

PRECAUCIÓN: Recuérdeles a los niños que no deben tocar animales silvestres. Los niños deben lavarse las manos con agua y jabón después de tocar cualquier animal.

Índice